25 profeter inom islam

Adam (Ādam) 1
Idris (Idrīs) 3
Nuh (Nūḥ) 5
Hud (Hūd) 7
Saleh (Ṣāliḥ) 9
Ibrahim (ʾIbrāhīm) 11
Lut (Lūṭ) 13
Ishmael (ʾIsmāʿīl) 15
Ishaq (ʾIsḥāq) 17
Yaqub (Yaʿqūb) 19
Yusuf (Yūsuf) 21
Ayub (ʾAyyūb) 23
Shoaib (Shuʿayb) 25
Mose (Mūsā) 27
Harun (Hārūn) 29
Dhul-Kifl (Ḏū l-Kifli) 31
Daud (Dāūd) 33
Sulaiman (Sulaimān) 35
Ilyas (ʾIlyās) 37
Al-Yasa (Alyasa) 39
Yunus (Yūnus) 41
Zakariya (Zakariyyā) 43
Yahya (Yaḥyā) 45
Isa (ʿĪsā) 47
Muhammed (Muḥammad) 49

Fet stil anger ärkeprofeter

Adam

Allah skapade den allra första människan, Adam, av klingande lera gjuten av svart gyttja. Adam var ingen vanlig skapelse; Allah gav honom en speciell ära och gjorde honom till den första profeten. Allah lärde Adam namnen på allt runt omkring honom – träd, djur, stjärnor och mycket mer. Denna kunskapsgåva gjorde Adam unik och visar att människan har en fantastisk förmåga att lära sig och förstå. För att fira Adams skapelse befallde Allah änglarna att buga för honom som ett tecken på respekt. Alla lydde, utom Iblis, som vägrade av svartsjuka och stolthet.

Adam levde i en vacker trädgård med sin fru Hawwa. De var lyckliga där, men Allah gav dem en viktig regel: att inte äta från ett visst träd. Iblis, som fortfarande var arg och svartsjuk, lurade dem att bryta mot den regeln. När Adam och Hawwaa insåg sitt misstag blev de mycket ledsna och bad Allah om förlåtelse. Allah, som alltid är vänlig och barmhärtig, förlät dem. Men som en del av deras nya resa skickade Allah dem att leva på jorden, där de skulle starta mänsklighetens familj.

Adams berättelse ger oss några mycket viktiga lärdomar. Den påminner oss om att alla gör misstag, men att det viktigaste är att vara ledsen och försöka bättra sig. Den visar oss också hur speciella människor är, med förmågan att lära sig, älska och ta hand om världen. Adam var början på vår stora mänskliga familj och en påminnelse om att Allahs barmhärtighet alltid finns där för oss.

Idris

Efter Adam valde Allah en annan speciell profet, Idris, för att vägleda folket. Idris var en klok och vänlig man, känd för sin stora kärlek till att lära sig saker. Allah välsignade Idris med stora kunskaper och färdigheter, och han lärde människor att skriva, mäta och till och med sy kläder. Före Idris visste man inte hur man sydde ihop tyg, men han visade dem hur man använde nål och tråd. Han uppmuntrade också alla att vara ärliga, arbeta hårt och att komma ihåg Allah i allt de gjorde.

Idris älskade att ägna tid åt tillbedjan och bön. Han var så nära Allah att han ofta klättrade upp på bergstoppar eller satt under stjärnorna och talade till Allah med ett hjärta fullt av hängivenhet. Folket beundrade hans visdom och följde hans läror och lärde sig att leva fredligt och hjälpa varandra. Idris påminde dem om att goda gärningar och att vara trogen Allahs väg skulle ge dem lycka i detta liv och i nästa.

På grund av hans rena hjärta och orubbliga tro hedrade Allah Idris på ett mycket speciellt sätt. Koranen berättar att Allah lyfte Idris till en hög plats och visade hur älskad han var. Hans historia lär oss att söka kunskap, arbeta hårt och hålla sig nära Allah är sätt att leva ett liv fyllt av syfte och välsignelser.

Nuh

En lång tid efter Idris levde en profet som hette Nuh. Allah valde Nuh för att vägleda sitt folk eftersom de hade glömt hur man dyrkar Allah och gjorde många felaktiga saker. Nuh älskade sitt folk och ville hjälpa dem, så han lärde dem om Allah, påminde dem om att vara snälla mot varandra och sa åt dem att sluta dyrka avgudar. Han talade till dem med mildhet och tålamod och hoppades att de skulle ändra sitt sätt att leva.

Men många människor vägrade att lyssna. De gjorde narr av Nuh och ignorerade hans budskap. År efter år fortsatte Nuh att försöka och gav aldrig upp eftersom han brydde sig så mycket om sitt folk. Till slut sa Allah till Nuh att det var dags att förbereda sig för en stor översvämning som skulle skölja bort alla felaktigheter. Allah instruerade Nuh att bygga en enorm ark, och Nuh började arbeta och följde Allahs vägledning. Folk skrattade åt honom ännu mer, men Nuh litade helt på Allah.

När regnet började falla och vattnet steg, samlade Nuh sin familj, de troende och par av djur i arken. Översvämningen täckte jorden, men alla på arken var säkra eftersom de hade lyssnat på Allah. När floden tog slut klev Nuh och hans anhängare upp på torra land, tacksamma mot Allah för att han hade räddat dem. Nuhs berättelse lär oss vikten av tålamod, tillit till Allah och att stå fast vid att göra det som är rätt, även när det är svårt.

Hud

För länge sedan fanns det ett mäktigt och rikt folk som kallades folket i 'Ad. De levde i ett land med höga byggnader och starka fästningar, omgivna av vackra trädgårdar och fält. Men istället för att tacka Allah för sina välsignelser blev folket i 'Ad arroganta. De började dyrka avgudar och uppträda ovänligt. Allah sände i sin barmhärtighet profeten Hud för att leda dem tillbaka till den rätta vägen.

Hud var en klok och modig man som älskade sitt folk högt. Han sa till dem: "Mitt folk, dyrka endast Allah. Han är den som har gett er alla dessa välsignelser. Sluta dyrka avgudar och vänd er till Allah med tacksamhet." Men de flesta av dem lyssnade inte. De skrattade åt Hud och sa: "Vem är du att tala om för oss vad vi ska göra? Vi är starka och behöver inte någons hjälp." Trots deras arrogans förblev Hud tålmodig och fortsatte att varna dem för Allahs straff om de inte ändrade sitt sätt att leva.

Tråkigt nog vägrade folket i 'Ad att lyssna. Då, precis som Hud hade varnat, sände Allah en mäktig storm som blåste i dagar och nätter och förstörde allt i sin väg. Endast Hud och de troende som följde honom räddades. Huds berättelse lär oss att sann styrka kommer från att vi ödmjukar oss inför Allah och är vänliga och tacksamma, oavsett hur mäktiga eller rika vi är.

Saleh

Efter folket i 'Ad kom en annan grupp människor som kallades Thamud. De var skickliga byggmästare och bodde i magnifika hem som var uthuggna i bergen. Allah hade välsignat dem med rikedom och styrka, men i stället för att vara tacksamma dyrkade de avgudar och blev stolta och orättvisa. För att vägleda dem sände Allah profeten Saleh, en vänlig och mild man som älskade sitt folk djupt.

Saleh sa till dem: "Mitt folk, dyrka endast Allah. Han är den som har gett er allt ni njuter av. Var tacksamma och sluta göra fel." En del människor trodde på honom och började följa Allahs väg, men de flesta skrattade och sa: "Saleh, bevisa för oss att ditt budskap är sant." De krävde ett mirakel för att visa Allahs makt. Allah beviljade deras begäran och från de steniga bergen dök en stor honkamel upp, precis som de hade bett om.

Saleh sa till dem: "Den här kamelen är ett tecken från Allah. Låt henne dricka fritt ur brunnen och skada henne inte." Men de icke-troende var envisa och grymma. De skadade kamelen och vägrade att lyssna på Salehs varningar. Sedan kom Allahs straff över dem - en kraftig jordbävning skakade deras land och bara Saleh och de troende var i säkerhet. Salehs berättelse påminner oss om att respektera Allahs välsignelser, vara vänliga och alltid följa sanningen, oavsett vad andra säger.

Ibrahim

För länge sedan levde en man som hette Ibrahim, känd för sin visdom och starka tro på Allah. Ibrahim växte upp i ett land där människor dyrkade avgudar - statyer gjorda av sten och trä. Redan som liten pojke visste Ibrahim att dessa avgudar varken kunde höra, se eller hjälpa någon. Han undrade ofta: "Hur kan dessa livlösa ting vara våra gudar?" Ibrahim ville att hans folk skulle förstå sanningen, så han började ställa frågor till dem och försiktigt vägleda dem till att dyrka Allah ensam.

En dag kom Ibrahim på en djärv plan för att visa sitt folk att deras idoler var maktlösa. Medan alla var borta gick han till templet och förstörde alla avgudar utom den största. När folket kom tillbaka och såg vad som hade hänt blev de chockade. "Vem har gjort detta mot våra gudar?" frågade de. Ibrahim sa åt dem att fråga den största idolen, eftersom han visste att den inte kunde svara. Folket insåg att deras avgudar inte hade någon makt, men istället för att ändra sitt beteende blev de arga och försökte skada Ibrahim. Allah skyddade honom från deras planer, vilket visar att Ibrahims tro var starkare än deras ilska.

Ibrahims tillit till Allah prövades många gånger, men han lydde alltid med ett troget hjärta. När Allah befallde honom att lämna sitt hemland eller offra något som var kärt för honom, tvekade Ibrahim aldrig. Tack vare hans orubbliga tillit välsignade Allah Ibrahim med två söner, Ismail och Ishaq, som också skulle bli profeter. Ibrahims berättelse lär oss vikten av tro, mod och att lita på Allah, även när vägen verkar svår. Genom hans liv lär vi oss att sann styrka kommer från att tro på och lyda Allah ensam.

Lut

Under profeten Ibrahims tid levde en man som hette Lut, som också var utvald av Allah att vägleda folket. Lut skickades till en stad där folket hade hamnat i ett fruktansvärt beteende. De begick orättfärdiga handlingar, behandlade varandra grymt och vände sig bort från Allah. Profeten Lut brydde sig djupt om dem och ville hjälpa dem att leva ett bättre och vänligare liv.

Lut talade till folket med tålamod och kärlek och sade: "Mitt folk, vänd er till Allah och sluta med de felaktiga saker ni gör. Var rättvisa och snälla mot varandra och kom ihåg att Allah ser allt." Men de flesta av människorna ville inte lyssna. Istället hånade de Lut och ignorerade hans varningar. Trots detta gav Lut aldrig upp utan fortsatte att uppmana dem att göra det som var rätt och behagligt för Allah.

Till slut skickade Allah sina änglar till Lut med ett meddelande: staden skulle drabbas av ett hårt straff på grund av sin ondska. Lut och de få troende blev tillsagda att lämna staden på natten och inte se sig tillbaka. När straffet kom var det snabbt och rättvist, och staden förstördes. Lut och de troende var i säkerhet eftersom de litade på Allah och följde hans vägledning. Berättelsen om Lut lär oss att stå fast vid det som är rätt, hålla oss borta från felaktiga handlingar och lita på att Allah alltid belönar dem som förblir trogna honom.

Ishmael

Ishmael var profeten Ibrahims älskade son och själv en stor profet. Hans historia börjar med en anmärkningsvärd händelse. Allah befallde Ibrahim att ta med sig sin fru Hajar och deras lille son Ismael till en dal i öknen där ingen bodde. Det var en karg plats utan mat eller vatten, men Ibrahim litade på Allahs plan. Efter att ha lämnat dem där bad Ibrahim: "O Allah, ta hand om min familj och gör detta land till en plats för välsignelser."

Hajar, en stark och trogen kvinna, tog hand om lille Ismael. När deras vatten tog slut sprang hon fram och tillbaka mellan två kullar, Safa och Marwah, för att söka hjälp. Plötsligt sände Allah ängeln Jibril, som fick vatten att strömma upp ur marken vid Ishmaels fötter. Denna källa, känd som Zamzam, blev en källa till liv i öknen och är en välsignelse för människor än i dag. Dalen växte till den heliga staden Makkah, där Ismael och hans familj bodde.

När Ismael blev äldre testade Allah både honom och Ibrahim med en stor befallning. Ibrahim drömde att Allah ville att han skulle offra Ismael. När han berättade detta för Ismael, sade Ismael full av tro: "Far, gör som Allah har befallt. Du kommer att finna mig tålmodig." Precis när Ibrahim skulle genomföra offret stoppade Allah honom och ersatte Ismael med en bagge, vilket visade att det var ett test på deras tro. Ishmaels berättelse lär oss om lydnad, tillit till Allah och trons kraft, oavsett hur utmanande provet kan verka.

Ishaq

Ishaq, profeten Ibrahims son, var en välsignelse som Ibrahim och hans hustru Sara fick på äldre dagar. I många år hade de bett om ett barn, och Allah besvarade deras böner med löftet om en son. Ishaq var inte bara en kärleksgåva till sina föräldrar utan också utvald av Allah att bli en profet och fortsätta sin fars, Ibrahims, ädla uppdrag.

Ishaq växte upp i en familj som var hängiven Allah och omgiven av visdom och tro. Ibrahim lärde honom vikten av att tillbe Allah ensam och att leva ett liv fyllt av vänlighet och tacksamhet. När Ishaq blev äldre blev han en vis och mild man som vägledde folket att följa Allahs väg. Han påminde dem om att dyrka Allah, vara rättvisa och behandla varandra med rättvisa och medkänsla.

Allah välsignade Ishaq med många ättlingar, inklusive andra profeter, vilket gjorde honom till en del av en speciell släkt som spred Allahs budskap vida omkring. Ishaqs liv är en berättelse om välsignelser och uppfyllandet av Allahs löften. Det lär oss att tålamod och tillit till Allahs planer ger stora belöningar och att familjer som är rotade i tro kan lysa som en källa till godhet och vägledning för andra.

Yaqub

Yaqub, även känd som Jacob, var son till profeten Ishaq och sonson till profeten Ibrahim. Han var en man med stor tro och visdom, utvald av Allah för att fortsätta sprida hans budskap. Yaqub hade tolv söner och hans familj var känd för sin djupa koppling till Allah. På grund av detta kallades Yaqub också "Israel" och hans ättlingar blev kända som Israels barn.

Yaqub var en kärleksfull far som lärde sina barn att dyrka Allah och leva med vänlighet och ärlighet. Bland hans söner fanns Yusuf, som stod Yaqubs hjärta särskilt nära. Detta speciella band gjorde några av hans andra söner avundsjuka, och de gjorde något mycket sårande genom att ta Yusuf ifrån honom och låtsas att han var borta för alltid. Även om Yaqubs hjärta var krossat förlorade han aldrig hoppet om Allah. Han fortsatte att be och lita på att Allah en dag skulle återförena honom med Yusuf.

Allah välsignade Yaqub för hans tålamod och orubbliga tro. Många år senare fick han glädjen att återförenas med Yusuf, som hade vuxit upp till en stor ledare. Yaqubs berättelse lär oss om tålamodets kraft, vikten av att lita på Allah i svåra tider och värdet av familj och förlåtelse. Hans liv påminner oss om att Allahs planer alltid är fulla av visdom, även när vi inte kan se dem direkt.

19

Yusuf

Yusuf, Ya'qubs son, var en pojke med enastående skönhet och ett rent hjärta. En natt hade han en dröm där solen, månen och elva stjärnor böjde sig ner för honom. När han berättade om drömmen för sin far, profeten Ya'qub, förstod fadern att det var ett särskilt tecken från Allah och bad Yusuf att hålla det hemligt. Men Yusufs bröder var avundsjuka på hur mycket deras far älskade honom och de bestämde sig för att göra något grymt - de kastade honom i en djup brunn och lämnade honom där ensam.

En grupp resenärer som passerade brunnen hittade Yusuf och tog honom till Egypten, där han såldes som tjänare. Trots dessa svårigheter slutade Yusuf aldrig att lita på Allah. Med tiden fick han respekt för sin ärlighet, vänlighet och visdom. Även när han blev felaktigt fängslad förblev Yusufs tro på Allah stark. I fängelset gav Allah honom gåvan att tolka drömmar, vilket senare ledde till hans frihet när han korrekt förklarade kungens oroande dröm om en hungersnöd.

Yusuf blev så småningom en betrodd ledare i Egypten och hjälpte landet att förbereda sig inför hungersnöden. En vacker vändning var att hans bröder, som inte kände igen honom, kom till Egypten för att söka mat under hungersnöden. Yusuf förlät dem för deras tidigare oförrätter och avslöjade sin identitet, och återförenades med sin familj i ett ögonblick av ren glädje. Yusufs historia lär oss om kraften i tålamod, förlåtelse och att lita på Allahs plan, oavsett hur svårt livet kan verka. Hans liv är ett lysande exempel på hur tro och vänlighet leder till stora belöningar.

Ayub

Ayub var en profet som välsignats av Allah med stor rikedom, en kärleksfull familj och god hälsa. Han var känd för sin vänlighet, generositet och ständiga hängivenhet till Allah. Ayub tackade alltid Allah för hans välsignelser, oavsett hur små eller stora de var. Men Ayubs tro skulle komma att prövas på ett sätt som få kunde föreställa sig.

En dag förlorade Ayub allt - sin rikedom, sina barn och till och med sin hälsa. Han blev mycket sjuk och hans kropp blev svag. Trots allt detta klagade Ayub aldrig. Han förblev tålmodig och fortsatte att prisa Allah och sa: "Allah har gett mig så mycket i det förflutna, och om han tar det ifrån mig kommer jag fortfarande att vara tacksam." Även när människor vände sig bort från honom var hans hjärta fullt av kärlek och tillit till Allah.

Efter många år av tålamod och orubblig tro belönade Allah Ayub för hans ståndaktighet. Han helade Ayub, återställde hans hälsa, gav honom ännu mer rikedom och välsignade honom med en vacker familj igen. Ayubs berättelse lär oss att oavsett hur svårt livet blir, så leder tålamod och tillit till Allah till bättre dagar. Den påminner oss om att den sanna styrkan ligger i att förbli tacksam och trogen, även under livets svåraste prövningar.

Shoaib

Shoaib var en vis och mild profet som sändes för att vägleda folket i Madyan. Folket i Madyan levde i ett vackert land, men istället för att vara tacksamma vände de sig bort från Allah. De lurade andra genom att ge mindre i utbyte, var oärliga i sina affärer och behandlade varandra orättvist. Allah, i sin barmhärtighet, sände Shoaib för att hjälpa dem att ändra sitt sätt.

Shoaib talade till sitt folk med vänlighet och sade: "Mitt folk, dyrka Allah allena. Var rättvis och ärlig i din handel och lura inte andra. Kom ihåg att Allah ser allt ni gör." Medan några få människor lyssnade på Shoaib och trodde på hans budskap, hånade de flesta honom och vägrade att förändras. De sa: "Varför ska vi följa dig? Vi kan leva som vi vill!" Shoaib varnade dem för att deras handlingar skulle leda till Allahs straff, men de lyssnade inte.

Till slut kom Allahs straff över de otrogna - en fruktansvärd jordbävning som förstörde deras stad. Endast Shoaib och de troende som följde honom räddades. Shoaibs berättelse lär oss vikten av ärlighet, rättvisa och att behandla andra med vänlighet. Den påminner oss om att girighet och oärlighet bara leder till förlust, medan ett liv i sanning och tacksamhet ger välsignelser och frid.

Mose

För länge sedan, i landet Egypten, föddes en liten pojke som hette Mose. På den tiden fruktade faraon, en grym och mäktig kung, att israeliternas barn skulle växa upp och utmana hans styre. För att förhindra detta beordrade han att alla pojkar skulle föras bort. Men Allah hade en särskild plan för Mose. Hans mor, som litade på Allah, lade honom i en korg och lät den flyta nedför floden. Korgen hittades av faraos fru, som älskade barnet och bestämde sig för att uppfostra honom i palatset som sin egen.

Mose växte upp i palatset men kände alltid samhörighet med israeliterna, hans sanna folk. En dag när han försvarade en förtryckt man råkade Mose skada någon och flydde från Egypten av rädsla. I ett avlägset land började han ett nytt liv, arbetade som herde och bildade familj. Det var under denna tid som Allah kallade Mose till att bli profet. Vid foten av berget Sinai talade Allah till Mose och gav honom ett uppdrag: att återvända till Egypten och befria israeliterna från faraos förtryck.

Med Allahs hjälp utförde Mose fantastiska mirakel, som att förvandla sin stav till en orm och dela Röda havet. Dessa tecken visade Farao och hans folk Allahs makt, men Farao vägrade att tro. Till slut ledde Mose israeliterna ut ur Egypten och i säkerhet. Längs vägen gav Allah Mose Torah, en guide för hans folk. Moses berättelse lär oss om mod, att lita på Allah och att stå upp för det som är rätt, även när oddsen verkar omöjliga. Hans liv är en kraftfull påminnelse om att Allah alltid är med dem som tror på honom.

Harun

Harun, även känd som Aron, var bror till profeten Musa och en profet som Allah hade valt ut för att vägleda israeliterna. När Allah befallde Musa att konfrontera Farao och befria israeliterna, kände Musa sig nervös inför att tala med en så mäktig och grym kung. Så han bad Allah om hjälp, och Allah gjorde Harun till hans följeslagare i detta uppdrag. Harun var begåvad med ett milt sätt att tala, vilket gjorde honom till en utmärkt hjälpare och stöd för Musa.

Tillsammans stod Musa och Harun inför Farao och framförde Allahs budskap. De sa åt honom att sluta förtrycka israeliterna och att tro på Allah. Harun talade med vänlighet och tålamod, men Farao vägrade att lyssna. Även när Allah sände tecken, som att förvandla Musas stav till en orm och föra plågor till Egypten, förblev Farao och hans folk envisa. Harun fortsatte att stå vid Musas sida och hjälpte honom att vägleda israeliterna mot frihet.

Haruns roll slutade inte där. Efter att Musa hade lett israeliterna ut ur Egypten hjälpte Harun till att vägleda folket i deras nya liv. Han påminde dem om att vara trogna Allah och följa hans befallningar. Haruns historia lär oss vikten av lagarbete, att stödja varandra i att göra gott och att vara tålmodig och vänlig även i svåra tider. Hans liv påminner oss om att vi är starkare när vi arbetar tillsammans för ett gemensamt syfte, särskilt när det gäller att tjäna Allah.

Dhul-Kifl

Dhul-Kifl var en profet som var känd för sin ståndaktighet, rättvisa och hängivenhet till Allah. Även om Koranen inte beskriver hans historia i detalj, tror de lärda att han var en man med stort tålamod och visdom, utvald av Allah för att vägleda sitt folk. Hans namn, "Dhul-Kifl", betyder "mannen med ansvar" och han förtjänade denna titel på grund av sin förmåga att hantera utmaningar med nåd och rättvisa.

Dhul-Kifls liv präglades av hans engagemang för att göra gott och hjälpa andra. Han behandlade alla med rättvisa och vänlighet och såg till att rättvisan upprätthölls i hans samhälle. Även när livet blev svårt förblev Dhul-Kifl tålmodig och gav aldrig upp sina plikter eller sin tillit till Allah. Han inspirerade andra att vara starka i sin tro och att alltid sträva efter det som var rätt.

Berättelsen om Dhul-Kifl påminner oss om att ansvarstagande, vänlighet och tålamod är egenskaper som behagar Allah. Hans exempel lär oss att uppfylla våra löften, hjälpa dem som behöver det och vara trogna oavsett vilka utmaningar vi ställs inför. Hans liv kan verka enkelt, men det innehåller en viktig lärdom: även i de minsta goda gärningarna finns det en stor belöning från Allah.

Daud

Daud, även känd som David, var en profet som valdes av Allah för sin visdom, sitt mod och sin starka tro. Som ung man blev Daud berömd för sitt mod när han mötte den mäktige krigaren Goliat (Jalut). Med bara en slunga och sin tillit till Allah besegrade Daud Goliat och visade att sann styrka kommer från tron, inte från storlek eller vapen. Denna seger gjorde honom till en hjälte bland sitt folk och markerade början på hans anmärkningsvärda resa.

Allah välsignade Daud på många sätt. Han gjorde honom till kung och profet och gav honom ansvaret att leda sitt folk på ett rättvist och rättvist sätt. Daud var känd för sin djupa känsla för rättvisa; han lyssnade alltid noga på tvister och dömde klokt. Allah gav honom också en vacker röst, och Daud sjöng lovsånger till Allah som fyllde bergen och fåglarna med glädje när de stämde upp i harmoni.

En av Dauds största bedrifter var att han fick Zabur, en helig bok som uppenbarats av Allah. Zabur var fylld av visdom och vägledning och lärde människor hur de skulle leva rättfärdigt. Dauds historia påminner oss om att tro, mod och rättvisa är egenskaper som kan leda till stora framgångar. Den lär oss också hur viktigt det är att vara tacksam för Allahs välsignelser och använda dem för att hjälpa andra och sprida godhet i världen.

Sulayman

Sulayman, även känd som Salomo, var en profet och kung, välsignad av Allah med stor visdom, kunskap och en unik förmåga att förstå och kommunicera med djur och till och med jinn. Redan i unga år visade Sulayman prov på en anmärkningsvärd intelligens och rättvisa. När tvister uppstod kom människor ofta till honom för att få vägledning och hans kloka bedömningar gjorde att han åtnjöt respekt från alla.

Som kung styrde Sulayman ett stort och mäktigt kungarike med vänlighet och rättvisa. Allah gav honom extraordinära gåvor, som att styra vinden och kontrollera jinn för att bygga magnifika strukturer. En av de mest kända berättelserna om Sulayman är när han lyssnade på en myras oro. När han ledde sin armé hörde han myrorna varna varandra för att hålla sig ur vägen. Sulayman log, eftersom han förstod deras språk, och tackade Allah för att han gett honom sådana otroliga förmågor.

Sulaymans kungarike var ett lysande exempel på hur tro och visdom kan skapa fred och harmoni. Trots all sin makt förblev han ödmjuk och kom alltid ihåg att hans välsignelser kom från Allah. Hans liv lär oss att sann storhet kommer från tacksamhet, vänlighet och att använda våra förmågor för att hjälpa andra. Sulaymans berättelse inspirerar oss att vara rättvisa, medkännande och alltid uppmärksamma Allahs välsignelser.

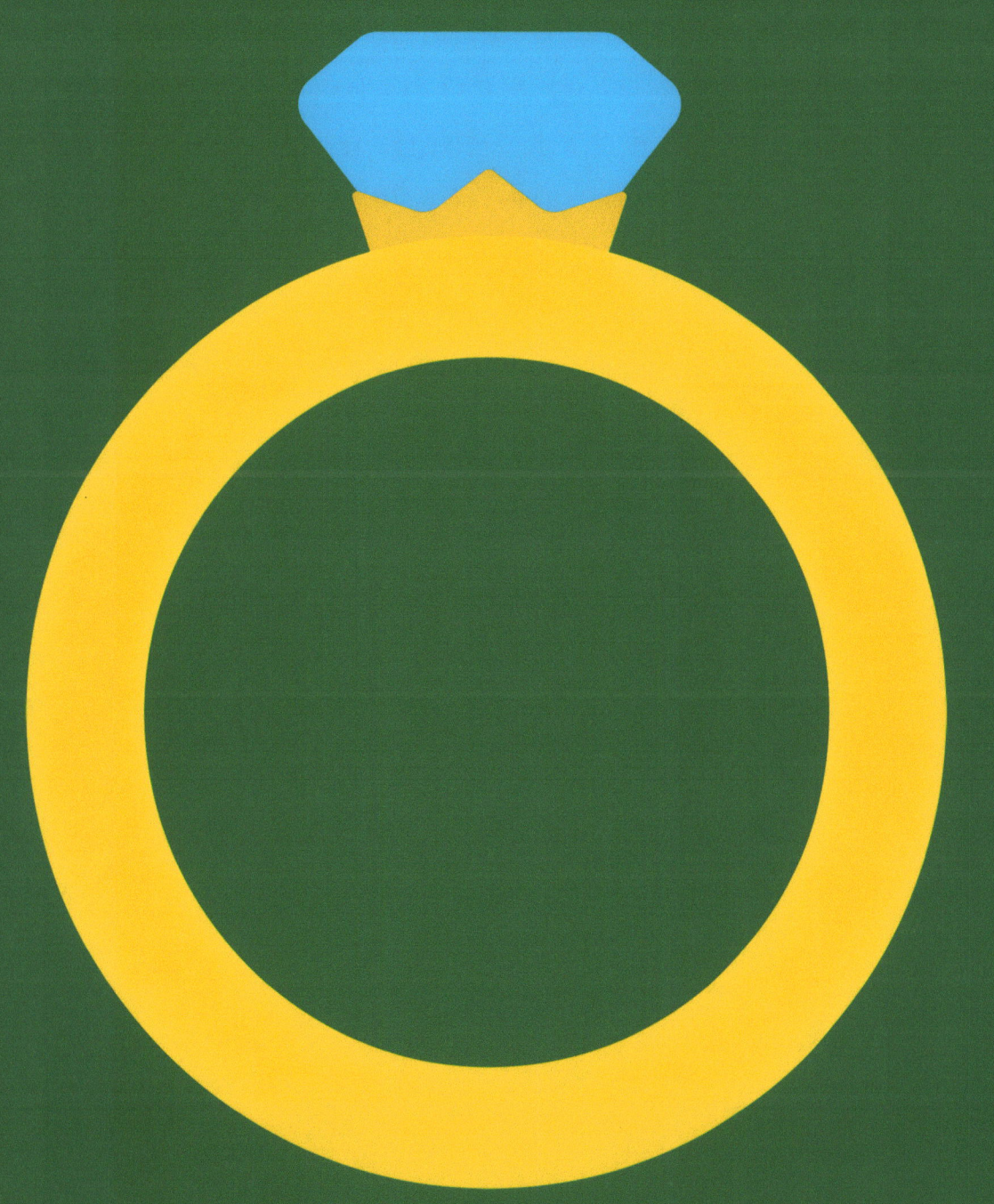

35

Ilyas

Ilyas, även känd som Elia, var en profet som sändes av Allah för att vägleda folket i ett land som hade vänt sig bort från att dyrka Allah. Folket hade börjat dyrka en falsk gud som hette Baal och hade glömt profeternas läror som kom före Ilyas. De levde självisk och var olydiga mot Allah och vände sig till avgudar istället för att söka sanningen. Ilyas, med sitt rena hjärta och sin starka tro, sändes för att påminna dem om den ende sanne Guden.

Med tålamod och mod talade Ilyas till sitt folk och sade: "Varför dyrkar ni en falsk gud som inte kan höra eller hjälpa er? Allah är himlarnas och jordens Skapare. Dyrka honom ensam, så kommer ni att finna frid." Men de flesta av folket ignorerade Ilyas, hånade honom och fortsatte på sitt sätt. Endast ett fåtal trodde på hans budskap och förblev lojala mot Allah.

När folket vägrade att ändra sig slutade Allah att sända regn och landet drabbades av torka och svält. Ilyas förblev ändå orubblig, bad till Allah och fortsatte sitt uppdrag. Till slut fördes Ilyas av Allah till en speciell plats där han hedrades för sitt engagemang och sin orubbliga tro. Hans berättelse lär oss att alltid vara trogna Allah, oavsett hur svårt livet blir, och att lita på att Allah belönar dem som förblir trogna och orubbliga i att sprida sanningen.

Al-Yasa

Al-Yasa, även känd som Elisha, var en profet som valdes av Allah för att fortsätta profeten Ilyas uppdrag. Efter att Ilyas hade tagits av Allah tog Al-Yasa på sig ansvaret att vägleda folket. Han levde bland ett samhälle som hade vänt sig bort från Allah och behövde ständiga påminnelser om att dyrka honom ensam och att leva med vänlighet och rättvisa.

Al-Yasa var känd för sitt tålamod och sin hängivenhet. Han uppmuntrade outtröttligt folket att vända tillbaka till Allah och överge sina felaktiga vägar. Trots de utmaningar han ställdes inför förblev Al-Yasa fast i sin tro och gav aldrig upp sitt uppdrag. Allah välsignade honom med visdom och förmågan att utföra mirakel, vilket hjälpte honom att inspirera dem som trodde och ingav hopp till hans anhängare.

Även om det inte står mycket om Al-Yasas liv i Koranen, är hans berättelse en påminnelse om vikten av uthållighet när det gäller att göra det som är rätt. Han lär oss att även i svåra tider kan det göra stor skillnad om vi är lojala mot Allah och fullgör våra plikter. Al-Yasas liv uppmuntrar oss att leda med tålamod, vänlighet och en orubblig tillit till Allahs vägledning.

Yunus

Yunus, även känd som Jona, var en profet som skickades av Allah för att vägleda folket i en stad som hade vänt sig bort från honom. Folket levde i olydnad, dyrkade avgudar och ignorerade Allahs befallningar. Yunus försökte lära dem om Allah och uppmanade dem att ändra sitt sätt att leva, men de vägrade att lyssna. Frustrerad lämnade Yunus staden utan att vänta på Allahs tillåtelse, eftersom han trodde att folket aldrig skulle förändras.

Efter att ha lämnat staden gick Yunus ombord på ett skepp, men under resan uppstod en stor storm. Folket på skeppet trodde att någon hade förargat Allah, så de drog lott om vem som skulle lämna skeppet för att lugna ner stormen. Lotten föll på Yunus. Yunus visste att han hade lämnat sitt uppdrag utan Allahs befallning och hoppade i havet, där han slukades av en enorm fisk. Inne i fiskens mage, i fullständigt mörker, insåg Yunus sitt misstag. Han bad till Allah och sade: "Det finns ingen gud utom Dig. Ära vare Dig. Jag var verkligen bland dem som gjorde fel."

Allah, i sin oändliga barmhärtighet, förlät Yunus och fick fisken att släppa upp honom på stranden. Yunus återvände till sitt uppdrag och till hans förvåning hade människorna i hans stad ångrat sig och vänt tillbaka till Allah. De välkomnade Yunus och anammade hans budskap. Yunus berättelse lär oss vikten av tålamod, att lita på Allahs plan och att söka förlåtelse när vi begår misstag. Den påminner oss om att Allah alltid är barmhärtig mot dem som uppriktigt vänder sig till honom.

Zakariya

Zakariya, även känd som Sakarja, var en vänlig och from profet som utvalts av Allah. Han ägnade sig åt att lära sitt folk om Allahs vägledning och tillbringade sina dagar med att dyrka och ta hand om det heliga templet. Zakariya var känd för sitt milda hjärta och sin starka tro, men det fanns en sak han längtade efter - han och hans fru kunde inte få barn, och han önskade sig innerligt ett barn som kunde fortsätta sprida Allahs budskap efter honom.

Trots att Zakariya och hans fru var mycket gamla förlorade han aldrig hoppet om Allahs barmhärtighet. En dag, när han bad i templet, gjorde han en innerlig dua: "Min Herre, ge mig från Dig själv en god avkomma. Du är sannerligen den som hör bönerna." Allah, i sin gränslösa generositet, accepterade Zakariyas bön. Änglarna gav honom goda nyheter: han skulle få en son som hette Yahya (John), ett barn med stor dygd och visdom. Zakariya blev förvånad och frågade hur detta kunde hända med tanke på hans höga ålder, och Allah påminde honom om att han har makt att göra alla saker.

När Yahya föddes uppfostrade Zakariya honom till att bli en rättfärdig och lydig tjänare till Allah. Zakariyas berättelse lär oss kraften i uppriktig bön och att lita på Allahs timing. Den påminner oss om att oavsett hur omöjligt något kan verka, så känner Allahs barmhärtighet och förmåga inga gränser. Hans liv uppmuntrar oss att vara

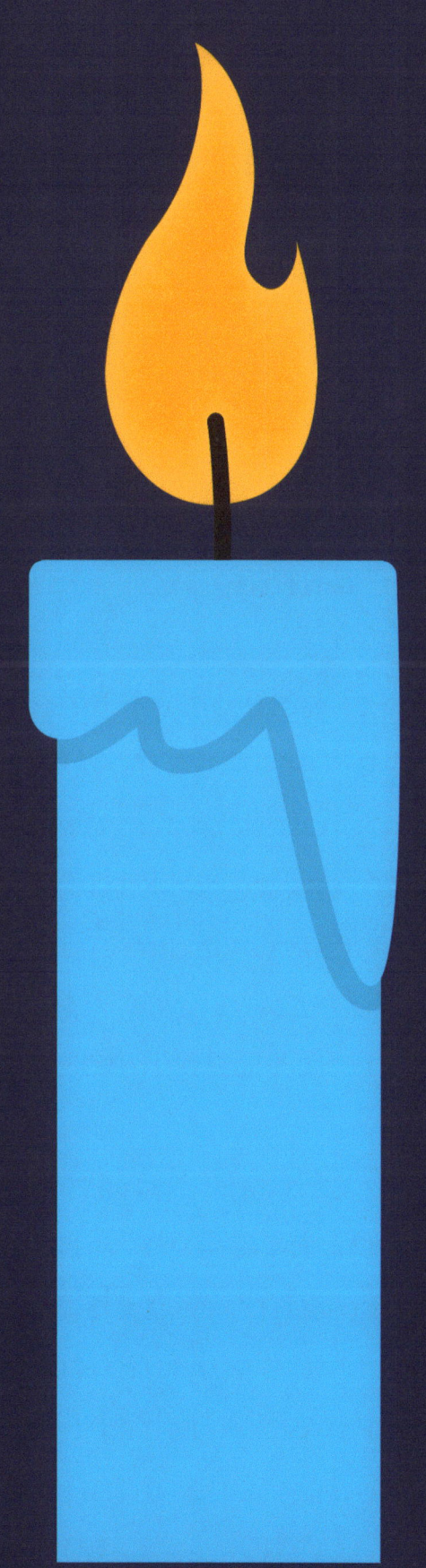

Yahya

Yahya, även känd som Johannes Döparen, var profeten Zakariyas älskade son och en av Allah utvald profet. Från det ögonblick han föddes var Yahya speciell. Allah gav honom visdom, vänlighet och ett rent hjärta redan när han var ett litet barn. Yahya var känd för sin kärlek till att lära sig och sin hängivenhet till Allah. Han växte upp med att lära andra om Allahs vägledning och sprida budskapet om sanning och rättfärdighet.

Yahya levde ett enkelt och ödmjukt liv och höll sig alltid nära Allah. Han var känd för sin milda och medkännande natur och hjälpte alltid dem som behövde det. En av Yahyas största egenskaper var hans mod - han stod upp för det som var rätt, även när det var svårt. Han påminde människor om att dyrka Allah ensam och att leva ett liv i ärlighet och vänlighet.

Allah lovordade Yahya i Koranen och kallade honom en rättfärdig tjänare som var lydig, ren och respektfull mot sina föräldrar. Yahyas berättelse lär oss att leva med integritet, att stå upp för sanningen och att alltid hålla kontakten med Allah. Hans liv är ett vackert exempel på hur ett vänligt och ödmjukt hjärta kan inspirera andra och föra dem närmare Allah.

Isa

Isa, även känd som Jesus, var en profet som sändes av Allah för att vägleda Israels barn. Hans födelse var en mirakulös händelse, eftersom han föddes av Maryam (Maria) utan en far. När ängeln Jibril kom till Maryam och berättade att hon skulle få ett barn blev hon förvånad och frågade: "Hur kan jag få en son när ingen man har rört vid mig?" Ängeln svarade att det var Allahs vilja, för han kan göra allt. Isas mirakulösa födelse var ett tecken på Allahs makt och barmhärtighet.

Redan i unga år visade Isa tecken på att han var utvald av Allah. Redan som spädbarn talade han för att försvara sin mors heder och sade: "Jag är Allahs tjänare. Han har gett mig Skriften och gjort mig till en profet." När han växte upp välsignade Allah Isa med visdom och förmågan att utföra mirakel. Han botade sjuka, gav blinda synen tillbaka och väckte till och med döda till liv - allt med Allahs tillåtelse. Isa påminde alltid människorna om att dessa mirakel var tecken från Allah och att de bara skulle dyrka honom.

Isa mötte många utmaningar, eftersom vissa människor förkastade hans budskap och konspirerade mot honom. Men Allah skyddade Isa och lyfte upp honom till himlen. Muslimerna tror att Isa en dag kommer att återvända för att slutföra sitt uppdrag. Hans berättelse är en kraftfull påminnelse om Allahs barmhärtighet, vikten av tro och styrkan i att stå för sanningen. Isas liv lär oss att vara ödmjuka, hjälpa andra och alltid lita på Allahs plan.

Muhammed

Muhammed, frid och välsignelser vare med honom, var den siste profeten som Allah sände för att vägleda hela mänskligheten. Han föddes i staden Makkah och växte upp som föräldralös, men var känd för sin ärlighet, vänlighet och rättvisa. Folk litade så mycket på honom att de kallade honom Al-Amin, den pålitlige. När Muhammed blev äldre ägnade han ofta tid åt stilla eftertanke och funderade över Skaparen och problemen i sitt samhälle, där människor dyrkade avgudar och behandlade varandra orättvist.

En natt när han mediterade i Hiragrottan uppenbarade sig ängeln Jibril för honom med ett budskap från Allah. Jibril sa: "Läs!" Trots att Muhammed inte kunde läsa reagerade han med mod och lyssnade uppmärksamt när de första verserna i Koranen uppenbarades för honom. Detta markerade början på hans uppdrag som profet. Allah befallde Muhammed att lära människor att dyrka honom ensam, leva rättvist och ta hand om varandra. Trots många svårigheter förblev Muhammed tålmodig och beslutsam och spred Allahs budskap med kärlek och visdom.

Med tiden följde allt fler människor hans läror och Muhammeds liv blev ett exempel på barmhärtighet, ärlighet och ödmjukhet. Han lärde människor att vara vänliga mot de fattiga, rättvisa i sina affärer och förlåtande mot andra. Som den siste profeten fullbordade Muhammed Allahs vägledning för mänskligheten genom Koranen och sitt exempel, känt som Sunnah. Hans berättelse lär oss hur vi ska leva ett liv i godhet, medkänsla och tro. Muhammeds liv inspirerar oss att alltid sträva efter det som är rätt och att lita på Allah i alla avseenden.

www.ingramcontent.com/pod-product-compliance
Lightning Source LLC
Chambersburg PA
CBHW040904190426
43197CB00034B/96